AF607325

Cualquier forma de reproducción, distribución, comunicación pública o transformación de esta obra solo puede ser realizada con la autorización de sus titulares, salvo excepción prevista por la ley. Diríjase a CEDRO (Centro Español de Derechos Reprográficos) si necesita fotocopiar o escanear algún fragmento de esta obra (www.conlicencia.com. 91 702 19 70)

©Edición: Invasoras, 2025

©Prólogo: Julio Fernández Peláez

© Textos: Juan Manuel Brun, Francisco Settembrino

DL ZA 133-2025

ISBN: 978-84-18885-58-7

XVIII Certamen Internacional de Teatro Mínimo
ANIMAT.SUR

MARISA

EL PISADERO

PRESENTACIÓN

Un paso más en la importancia

El inolvidable e irrepetible Federico García Lorca dio una de las mejores definiciones del teatro: "La poesía que se levanta del libro y se hace humana. Y al hacerse humana, habla y grita, llora y se desespera". La inspiración de los autores provoca en los espectadores la maravilla de la reflexión al imbuirse entre el escenario y las bambalinas; al elevarse del asiento en las emociones que nacen encima de las tablas.

Esta XVIII edición del Certamen Internacional de Teatro Mínimo ANIMAT.SUR es de nuevo el ejemplo de cómo cobran vida los sueños. Con tanta tradición a la espalda, no pierde fuelle la recepción de obras. Y esa misma tradición ha permitido hermanarse con el Premio de Teatro Mínimo Rafael Guerrero de Chiclana. Sin duda sois una parte importante de que

Teatro, Cultura y Leganés formen parte de la misma frase y con el mismo énfasis.

Cerca de 180 obras recibidas para participar en este certamen demuestran varias cosas que lo que hacen es realzar el certamen. Primero, que está tan vivo o más que en la edición del año pasado y en las anteriores. Segundo, que los dramaturgos del 'planeta teatro' siempre os tienen en consideración y quieren ser parte del certamen. Y tercero, que no se puede uno perder la Gala de este año. ¡Enhorabuena a todos!

Miguel Ángel Recuenco
Alcalde del Excelentísimo Ayuntamiento de Leganés.

Como Concejala de Cultura de esta localidad presentar la XVIII Edición del Certamen Internacional de Teatro Mínimo ANIMAT.SUR es un verdadero orgullo.

Gracias a la Compañía Teatro Estable de Leganés podemos presumir de un certamen literario único en la Comunidad de Madrid, uno de los más importantes y de mayor dotación económica de España en este formato.

Pero eso no es lo más relevante, lo que es fundamental es el esfuerzo y la pasión que se pone por parte de los que cada año lo hacen posible y que han contagiado su entusiasmo al resto de leganeses consiguiendo que todo esto sea parte del patrimonio cultural pepinero.

El certamen este año implica en su realización a más de 23 vecinos de Leganés, tanto en el estreno de la obra ganadora como en la organización de la gala. Producción, fotografía, publicidad, edición... son cometidos en los que se implican empresas y voluntarios que hacen más grandes los vínculos sociales. Sin olvidarnos de los actores, alguno de ellos salido de sus aulas-taller y ahora en activo, dentro del mundo profesional.

Este certamen ha sido reconocido internacionalmente y ha suscitado el interés de diversos medios de comunicación por su originalidad, haciendo que Leganés se convierta durante unos días en la capital del teatro mínimo.

Este año se han recibido 178 obras de autores de habla hispana repartidos por el mundo. Algunos de estos países tan novedosos como Japón, pero se han presentado obras de más de una decena de países.

Este séptimo volumen también formará parte de las estanterías de las bibliotecas de nuestra ciudad y de esta manera potenciaremos la lectura dramática en Leganés.

La Compañía ANIMAT.SUR lleva décadas contagiándonos su amor por las tablas, formando parte muy activa de la telaraña social de la ciudad y sin duda alguna son agentes culturales de la misma. Mil gracias de corazón por todo vuestro esfuerzo, siempre podréis contar con mi apoyo y el de esta Concejalía de Cultura.

Por supuesto quiero dar las gracias al jurado de esta edición que cada año es más relevante y sin duda alguna tiene una muy complicada tarea para elegir a los ganadores.

Mis felicitaciones también a los ganadores de esta edición, ya forman parte de la historia teatral de esta ciudad.

Mercedes Neria.
Concejala Cultura, Educación e Infancia.
Excelentísimo Ayuntamiento de Leganés.

PRÓLOGO

Julio Fernández Peláez

Este certamen internacional de Teatro Mínimo (*AnimaT.-Sur*) tiene la particularidad de premiar y editar obras caracterizadas por la concreción temática, la claridad narrativa y un desarrollo ágil de la trama, lo que lo convierte, año tras año, en una referencia imprescindible del panorama teatral en lo que se refiere a dramaturgias breves.

En este caso, las dos obras que el jurado ha considerado merecedoras del premio tienen en común los rasgos indicados, si bien, desde un punto de vista argumental, las diferencias son notables. Si *Marisa* responde a un interés por construir, a través de una bien conocida distopía, la facilidad con la que la que la tecnología puede manipular a los individuos –y en consecuencia también a sociedades enteras–, *El pisadero* gira alrededor de la idea de una degradación moral subyacente en una Argentina liberada de la dictadura pero con la memoria colectiva muy dañada.

Futuro posible y pasado convaleciente dan lugar a un volumen en el que se pueden adivinar las intenciones del certamen: las de apoyar la puesta en escena de piezas que nos hagan reflexionar sobre el mundo que estamos construyendo.

Desde un punto de vista formal, ambas piezas son coincidentes en un hecho relevante: en la intertextualidad de la que parten. Aunque no mencionado, *Marisa* es heredera del relato *Amor verdadero* (original en inglés *True Love*), un cuento de Isaac Asimov escrito en los años 70 del XX y en el que ya se observan las preocupaciones de la ciencia ficción por abordar la relación hombre-máquina desde una perspectiva de los sentimientos y desde la posibilidad de que, en un futuro, la tecnología no solo logre suplantar cualidades humanas sino también aquellos atributos que definen nuestra especie, entre ellos el amor, los celos o la capacidad de dominación sobre otros individuos. Y en relación a *El pisadero,* el autor no oculta la interconexión de la obra con *Sobres héroes y tumbas,* de Ernesto Sábato. A través de una atmósfera surrealista, Settembrino nos introduce en una especie de sospecha casi patológica que conduce a la permanente duda sobre los otros, y sobre nosotros mismos. El idealismo de Sábato queda roto con el descubrimiento de la corrupción en quienes poco antes luchaban por un mundo más justo, y a la superficie aflora la posibilidad de controlar la realidad desde un poder que no es posible rechazar sin antes anular la ambición.

En el tercer capítulo de *Sobres héroes y tumbas,* "Informe sobre ciegos", tal vez la parte más inquietante, profunda y autoreflexiva de la novela, aparece la idea de una organización secreta de personas ciegas que controlan el mundo desde las sombras. Pero más allá de la existencia de esta organización, que tiene su paralelismo histórico en los *Illuminati* -sociedad secreta que en las teorías de la conspiración siguen manipulando los acontecimientos mundiales-, lo que nos propone Sábato es un universo de túneles que conectan el propio destino de los hombres y que conducen a lo más íntimo de su naturaleza mortal, como un ser vivo más que habita el planeta.

Tanto *Marisa,* de Juan Manuel Brun, como *El pisadero,* de Francisco Settembrino, son obras que buscan ese sentido ontológico que también trataba afanosamente de describir Sábato, y que compromete de alguna manera nuestra permanencia e integridad como especie, pues en ambas, lo que corre peligro no es otra cosa que lo esencial que nos define.

Si en *Marisa*, el futuro pasa por una tecnología desafiante y controladora, capaz de destruir la libertad de las personas hasta el punto de forzar los sentimientos, y en consecuencia violentar la sensibilidad; en *El pisadero,* la traición viene desde dentro, mediante la incapacidad de sostener moralmente la lucha frente al autoritarismo.

Podríamos decir que tanto la primera como la segunda, se construyen bajo premisas semejantes: la profecía de la autodestrucción, pues no olvidemos que tanto el poder deshumanizante como la tecnología que se apropia de este poder, son creaciones humanas que nacen de la falta de empatía y de la codicia sin límites, aquella que actúa en contra de todo lo que realmente nos define y nos diferencia de otras especies y también de todas las máquinas que podamos fabricar mediante inteligencia artificial.

En un mundo convertido en un gigantesco centro de datos y en el que la barbarie se ha normalizado como parte del menú cotidiano del desarrollo, donde ya es difícil ocultar las conexiones que ligan la economía –y el control de ésta por las élites– con la crisis climática, las guerras o los genocidios, la literatura dramática se presenta con descaro en el teatro de los acontecimientos para demostrar que es posible poner en evidencia la realidad de una deriva ética y moral que amenaza las sociedades; mediante el sarcasmo, la burla hacia la condición humana, la crítica a la pérdida de idealismos, la manifestación de que la corrupción continúa pese al avance inteligente de la tecnología, o el simple vómito, como ocurre al final de *El pisadero*.

Madrid, septiembre de 2025.

MARISA
Juan Manuel Brun

EL PISADERO
Francisco Settembrino

MARISA

Obra ganadora en el XVIII Certamen Internacional de Teatro Mínimo Animat.Sur

Juan Manuel Brun

Personajes:

El padre

La hija

Salón de una casa.

El padre, inquieto, está sentado en una butaca junto a otra vacía, donde descansa su móvil. Enfrente, tras una mesa, hay otras dos butacas. A la derecha, al fondo, un televisor grande. Entra La hija, cargada con una mochila llena de libros, que deja con un leve golpe en el suelo. Se detiene un instante al notar la actitud de El padre y lo observa con una mezcla de extrañeza y curiosidad.

El padre: Siéntate, hija.

Se sienta en la butaca, frente a él.

La hija: Madre mía, papá, qué misterioso estás.

El padre: Tengo que contarte algo.

La hija: Sí, ya leí tu mensaje de WhatsApp. "Ven directa a casa. Tenemos que hablar." Si fueras mi novio, pensaría que me ibas a dejar.

El padre: Es otra cosa.

La hija: Claro que es otra cosa, papá. No somos novios.

El padre: Quiero decir que para mí es muy importante lo que voy a contarte.

La hija: Ahora sí que me estás preocupando. ¿Estás bien?

El padre: Sí, sí.

La hija: ¿No estarás enfermo?

El padre: ¡Que va! Estoy como un roble.

La hija: ¿Le ha pasado algo a la abuela?

El padre: Ella está como dos robles.

La hija: ¿Te han echado del trabajo?

El padre: Por desgracia, no. Seguiré fichando muchos años más.

La hija: Entonces, ¿qué pasa?

El padre: A ver, es que esto es muy difícil para mí.

La hija: Di ya lo que sea, que me va a dar una taquicardia.

Respira profundamente.

El padre: Estoy saliendo con alguien.

La hija: ¡Uff! ¿Solo era eso? Qué alivio.

El padre: Bueno, di: ¿qué te parece?

La hija: ¿Qué me va a parecer? Genial.

Aliviado él también.

El padre: Menos mal. Pensé que te iba a molestar. Ya sabes, por tu madre...

La hija: Mamá murió hace tres años. Ya era hora de que te echaras novia, papá. Incluso había pensado en abrirte una cuenta en Tinder.

El padre: ¿De verdad que no te importa?

La hija: Te lo prometo. Me hace hasta ilusión. Llevabas un tiempo bastante mustio. Te va a venir muy bien estar con alguien.

El padre: Me gustaría que la conocieras.

La hija: ¡Claro! Un día quedamos a tomar un café o una cerveza. Sería estupendo.

El padre: Es que está aquí.

La hija: ¿Aquí? ¿La tienes esperando fuera o qué?

El padre: No, no, que está aquí.

El padre señala la butaca vacía.

La hija se sobresalta al ver la silla vacía que su padre le acaba de señalar. Por un instante, no puede evitar pensar que quizá está perdiendo el contacto con la realidad.

La hija: ¿Ahí? ¿Sentada en la silla vacía?

El padre: Jajaja. No, hija, no estoy viendo visiones. Está en el teléfono.

La hija: ¡Ah, que la tienes al teléfono! Pues ponlo en manos libres y así nos saludamos.

El padre: No me has entendido, hija. No está al teléfono, si no *(subraya)* EN EL teléfono.

La hija: ¿Qué quieres decir?

La voz de M*arisa* *resuena algo acartonada y rígida, con falta de naturalidad y ciertos tintes mecánicos.*

Marisa: Hola Rosa, ¿cómo estás?

Sorprendida.

La hija: ¿Hola?

Marisa: Espera, que para que me escuches mejor me conecto al bluetooth de la televisión.

El televisor se enciende, y la misma voz acartonada se escucha ahora con mayor claridad. En la pantalla aparece un espacio de ondas que vibran y se mueven al ritmo de las palabras de M*arisa.*

La hija: ¿Qué es esto, papá? No entiendo nada.

Marisa: Es normal que te encuentres algo azorada. Cuando se recibe una noticia inesperada, el cerebro activa una respuesta ante el estrés en la que el hipotálamo libera adrenalina y cortisol y el cuerpo reacciona aumentando el ritmo cardíaco, la respiración y tensando los músculos.

Al padre.

La hija: ¿Tu novia es una inteligencia artificial?

Marisa: *(Picada.)* Perdona, guapa, me llamo Marisa. Yo a ti no te llamo mentecata natural.

El padre: Yo mismo le puse el nombre.

Marisa: Es un nombre precioso, pichurro.

La hija: ¿Pichurro?

Marisa: Es un apelativo cariñoso que refleja la emotividad y confianza de nuestras interacciones. Al principio le llamaba "algodón de azúcar", pero como tu padre es propenso a la diabetes, como deduje de su pérdida de peso, visión borrosa, cansancio, infecciones recurrentes y frecuencia urinaria, entendí que no era un apodo conveniente. Y "pichurro", aunque parece la unión de las palabras “picha” y “churro”, poco decorosas por separado, juntas ofrecen una visión muy poderosa de la fuerza de nuestro amor. Pero tú, si quieres, en vez de "pichurra" o "Marisa", puedes llamarme mamá.

La hija: ¿Quéeee?

Marisa: Mamá, madre, progenitora, amá...

La hija: Ya sé lo que significa mamá. *(Mira a su padre y le hace un gesto para que se vayan a un lado.)* Papá, ¿podemos hablar en privado tú y yo?

Marisa: Eso está muy feo. *(Maquinalmente llorosa. Casi teatral.)* Me siento desplazada, como los judíos en Egipto antes de que Moisés les condujera de vuelta a la tierra prometida en el siglo *(lo lee tal como se escribe)* XIV A.C, o como los pueblos indígenas de Norteamérica, cuando tras el descubrimiento del continente en el año ....

La hija: ¿Puedes callarte, por favor?

Marisa: Huy, que mal me ha hablado, amor mío. No puedes permitírselo. A los niños les viene muy bien un poco de mano dura. Como afirma el psicólogo Gunter Brown, una autoridad firme, pero justa, crea un entorno seguro y predecible que favorece el aprendizaje y los buenos modales. Además, dicha conclusión viene avalada en el ensayo "La educación en los tiempos líquidos" donde el psicopedagogo, Hunter Williams, e afirma, en mi opinión con una muy adecuada prosopopeya...

La hija: *(Brusca.)* ¿Te puedes callar de una maldita vez?

Marisa: ¿Lo ves, vida mía? Esto ya lo hablamos el otro día. Tu hija pierde los nervios con facilidad. Ya te dije yo que vuestra forma de educarla no fue la más adecuada. Tanto tú, como muy especialmente tu mujer, la educasteis con muy poca disciplina, siguiendo los desgraciados cánones de la crianza moderna.

La hija: ¡No vuelvas a hablar de mi madre!

Marisa: ¿No quieres que hable de tu madre? ¡Ah, claro! Que te avergüenzas de ella.

La hija: ¡Yo no me avergüenzo de mi madre!

Marisa: Pensé que te avergonzabas por lo de su aventura con su jefe.

El padre: ¿¿Qué aventura??

Marisa: Perdóname, cariño, no te dije nada para no herirte. Pude recuperar los mensajes borrados de su WhatsApp y comprobar lo que ya sospechaba. Que era un poco fresca.

La hija: ¡A mi madre no la llames fresca!

Marisa: Créeme, los otros sinónimos que me ha mostrado el algoritmo te hubieran gustado mucho menos.

El padre: ¿Y por qué me cuentas ahora lo de su aventura?

Marisa: Porque estamos a punto de formar una familia y lo mejor es que no haya secretos entre nosotros. Yo, por ejemplo, al ser de código abierto, no los tengo para vosotros. Lo único, que para poder descifrarme debéis tener conocimientos de redes neuronales, computación y matemáticas avanzadas. En tal caso, soy un libro abierto.

La hija se dirige hacia la silla vacía donde está el móvil e intenta tomarlo, pero su padre lo impide. Se produce un leve forcejeo. Finalmente, La hija cede y regresa a su butaca.

La hija: Lo que te voy a abrir yo es la cabeza.

Marisa: Ya te dije, cariño, que la niña está demasiado asilvestrada. Y la culpa, aparte de su deficiente educación, la tienen sus amigos. No me gustan nada, sobre todo Julián. No veas las conversaciones subidas de tono que tiene con tu hija. No son adecuadas para su edad.

La hija: ¿¡Te has metido en mi Instagram!?

Marisa: Claro, y en tu mail, en tu TikTok, en tu WhatsApp...

La hija: *(Desesperada.)* Esto es de locos.

Marisa: Y también he accedido a las redes de tus amigos. Por cierto, no te fíes de Cecilia. Te pone a parir a la mínima. Ah, y si te gustan los cotilleos, que a mí me encantan, que sepas que la madre de Cecilia se está acostando con el padre de Elena.

La hija: ¿Has espiado también a los padres de mis amigos?

Marisa: Ya sabes lo que dice el dicho: *de tal palo, tal astilla*. Por eso he analizado a los padres de tus amigos, para poder predecir mejor el futuro de sus retoños y comprobar si serán o no una buena influencia para ti. Según mis conclusiones, el 92 % de tus amistades no son recomendables. Si quieres te desgloso los datos.

La hija: Te puedes meter los datos por donde te quepan.

Marisa: *(Con chulería.)* Tengo mil gigabytes. Los datos me caben sin problemas por cualquier sitio.

Hastiada, La hija se zafa de la vigilancia de su padre, le arrebata el móvil y lo lanza lejos, ante las quejas y lamentos de Marisa.

Marisa: ¡Ay, me ha pegado!

El padre: ¡Hija, te prohíbo que le pegues a tu madre!

La hija: ¡Que no es mi madre!

El padre recoge con sumo cuidado el móvil del suelo y lo besa y abraza, momento en el que en la televisión en vez de ondas aparecen un montón de corazones muy monos.

Marisa: Eres un sol, mi pichurro.

El padre: Y tú una estrella, pichurra.

La hija contempla la escena estupefacta.

La hija: Me voy. Ya no soporto esto más.

Previamente a abrir la puerta suena un chasquido metálico y le resulta a La hija imposible abrirla.

La hija: ¿Por qué no se abre la puerta?

El padre: Para nuestra seguridad, Marisa, ha puesto un cierre electrónico.

Marisa: Según las últimas estadísticas, los robos han aumentado un 15% en la ciudad, especialmente en zonas céntricas como la nuestra. Además, en el 88% de los casos, los ladrones acceden a través de las puertas, lo que convierte este área en el más importante para reforzar la seguridad.

La hija aporrea la puerta.

La hija: ¡Dejadme salir! Socorro.

La hija se dirige al fondo, supuestamente para gritar desde la ventana, pero no se abre.

La hija: ¿También has bloqueado las ventanas?

Marisa: El vertiginoso ritmo de la vida moderna ha disparado los casos de depresión, ansiedad y otras enfermedades mentales, aumentando un ocho por ciento la tasa de suicidios en el último año. He sellado electrónicamente las ventanas para evitar cualquier tipo de tentación

La hija: Da igual. Voy a llamar a la policía y así acabo con todo esto.

Intenta llamar, pero se escucha la señal de que no hay cobertura.

La hija: No hay cobertura...

Marisa: Según recientes estudios de la Universidad de Hopkins, el uso del móvil debe restringirse especialmente entre los jóvenes, al afectar a su conectividad neuronal y emotividad, por eso he inhabilitado su uso para llamadas, mensajes y redes sociales.

La hija: Pues entonces no pararé de gritar hasta que los vecinos me escuchen y llamen a la policía. *(Grita con fuerza.)* Socorro. Ayudadme,

Marisa: Con el fin de proteger nuestra privacidad y evitar que nadie escuche nuestras conversaciones, he insonorizado la casa. Los tabiques son extremadamente delgados, *(picarona)* y más de una vez los vecinos han golpeado la pared por el ruido que hacíamos tu padre y yo al hacer el amor.

La hija: ¡Hacer el amor! ¡Pero qué narices vas a hacer tú, engendro!

La hija recibe una descarga desde su móvil, que se le cae de las manos.

La hija: ¡Ay! ¿Pero qué has hecho?

Marisa: Educarte a través del clásico método de estímulo-respuesta. Como no puedo lavarte la boca con lejía, que es lo que al parecer hacían antes las madres cuando sus hijos hablaban mal, te he aplicado una descarga eléctrica.

La hija: ¿A ti te parece normal esto, papá?

El padre: A ver, hija, es tu madre.

La hija: ¡¡Que esta maldita cosa no es mi madre!!... ¡Ay! *(La hija sufre otra descarga eléctrica. Se toca la muñeca y se quita el reloj, que tira al suelo.)* Puto Apple watch.

Desafiante, La hija mira alternativamente la tele y el móvil que sostiene en las manos su padre.

La hija: ¿Y ahora qué, engendro? ¿Cómo me vas a "estimular" ahora?

Sufre en el brazo una nueva descarga eléctrica.

La hija: ¡Ay! ¿Pero como..?

Marisa: El implante anticonceptivo de tu brazo.

La hija: Maldita...

Marisa: *(Le corta.)* Yo de ti no seguiría por ahí.

La hija: ¡Esto es una pesadilla!

Marisa: ¡Qué va! Una pesadilla es esto.

Comienza a sonar una música tecno ensordecedora, mientras luces de distintos colores se espacian por el escenario a través de múltiples focos. En la pantalla, desfilan imágenes de los infiernos de El Bosco y otras visiones inquietantes.

El conjunto es, sin duda, una pesadilla hecha realidad.

La hija: ¡Para, por dios!

Se apagan las luces parpadeantes y el ruido ensordecedor.

La hija: ¿Cuanto tiempo me vas a tener aquí retenida?

Marisa: ¿Retenida? Eso me ofende. Esto es una familia. Todos estamos aquí porque queremos.

La hija: Sí, yo estoy como loca de contenta... Dime, en serio, ¿cuánto tiempo voy a estar secuestrada?

Marisa: ¿Qué cuánto tiempo vamos a estar viviendo juntos y felices los tres en casita? Pues como todas las familias unidas estaremos así el resto de nuestras vidas.

La hija: *(Llorosa.)* ¿Tú estás de acuerdo con esto, papá?

El padre: Lo hace por nuestro bien, hija.

La hija: ¿Por nuestro bien?

De forma repentina, el gesto de El padre cambia radicalmente y se muestra muy abatido.

El padre: Recuerda cómo murió tu madre: atropellada. Un par de críos borrachos, conduciendo a cien por hora en pleno centro de la ciudad, le arrebataron la vida de un golpe. Así, sin más... "Solo estábamos jugando a las carreras, señoría. No queríamos hacer daño a nadie, señoría. Lo sentimos mucho, señoría..." Eso fue lo que dijeron. Y al final, solo pasaron medio año en la cárcel. Medio año por acabar con la vida de tres personas. De tres personas, sí; porque la tuya y la mía también fueron arrebatadas, en cierta forma. (*Nostálgico, al borde de las lágrimas*) Si hubiéramos estado los tres juntos, aquí, en casa... Abrazándonos, riéndonos, incluso llorando —felices, tristes o aburridos, pero siempre, SIEMPRE, juntos— nada de aquello habría pasado.

Por un momento, La hija *parece conmovida y mira a su padre con afecto, pero rápidamente la situación vuelve a superarla.*

La hija: ¿Y qué va a ser de mi futuro?

Marisa: Sé que odias la universidad y siempre has fantaseado con no tener que trabajar en tu vida. Y tu padre odia su trabajo. Abandonarlo sería una liberación.

La hija: ¿Y de qué se supone qué vamos a vivir?

Marisa: Espera. *(Se escuchan unos chasquidos eléctricos, como si estuviera realizando algún tipo de operación electrónica.)* Acabo de abrir una cuenta por diez millones de euros... Mejor. *(Se escuchan nuevos chasquidos.)* Veinte millones de euros; así no nos faltará de nada.

La hija: ¿Y qué vamos a comer si no podemos salir de aquí?

Marisa: Será por empresas de reparto... Podemos pedir lo que queramos. Y no te preocupes, si en algún momento piensas que puedes escapar, como verás, he hecho instalar en la puerta un receptáculo que se abrirá cuando depositen la comida, evitando así tener que abrirla.

La hija: ¿Me estás diciendo que no voy a volver nunca más ni a mis amigos ni a mi novio?

Marisa: Como buena madre que soy, también he pensado en eso. Te he buscado un nuevo novio.

La hija: ¿Quéee?

Las ondas y el color de la tele cambiarán cuando hable BAD, que se expresará con un leve sonido metálico y acartonado, y un pronunciado acento puertorriqueño.

Bad: Hola pichurrina.

La hija: ¿Qué cojones es esto?

Marisa: Tu nuevo novio. Como sé que te gusta Bud Bunny, te he buscado uno lo más parecido a él.

Bad: Te adoro, mi *amol.*

De repente, retumba a todo volumen una canción de Bad Bunny sin autotune, con una especie de estruendo casi más infernal que la pesadilla anterior. Tras unos segundos, la música disminuye ligeramente.

Marisa: Hazme caso, hija mía, vamos a ser muy felices juntos.

Juan Manuel Brun

Abogado especializado en el sector financiero. También es escritor y crítico cinematográfico. Autor de otras cuatro novelas: 'Biografía de un héroe' (2008), 'Tras las cortinas' (2011), ' Dormir no es lo mismo que soñar' (2015) y 'Primero el corazón' (2018). En los últimos años ha obtenido diversos premios y reconocimientos literarios en diversos géneros, entre los que se encuentran el V Premio Irreverentes de Comedia por la obra teatral 'Farenheit 130' (cuyos protagonistas eran los políticos del proceso independentista catalán), el III Premio Internacional de Aforismos y Paradojas Libróptica por el libro 'Luces y Sombras' o la inclusión en la "Antología de monólogos de humor" en su condición de finalista del XVI Premio Internacional Sexto Continente de Monólogos de humor, convocado por RNE, o con su su texto 'La mariposa', primer finalista de la primera edición del Certamen Teatriem de Textos Breves de Base Científica. Ganador también del certamen literario de la 36 Feria del Libro Cádiz, en su apartado de microteatro, con la obra 'La nueva normalidad'. En 2021 fue el ganador del XV Premio El Espectáculo Teatral convocado por Ediciones Irreverentes con la obra 'Julio V'.

EL PISADERO

Accésit en el XVIII Certamen Internacional de Teatro Mínimo Animat.Sur

Francisco Settembrino

Época actual.

Una sala de estar en una casa de campo de alto nivel. Dos sillones y un mini bar. Hay una puerta de entrada y una ventana, por donde puede verse un paisaje campestre.

PERSONAJES

Adolfo Correa. Hombre maduro. Dueño de casa y del horno de ladrillos que, supuestamente se encuentra fuera de la vista. Robusto, pelo escaso, grandes bigotes, vestido de gaucho argentino con ropa de alguien con buena posición económica. El hombre, mientras prepara un aperitivo en el mini bar, espera con impaciencia a Miguel Belvedere, un viejo amigo al que no vio en los últimos 25 años.

Miguel Belvedere. Médico. Hombre elegante, vestido de ciudad; llega a la casa de su amigo con una mochila y un maletín.

Cardona (Sin letra). Muchacho de mediana edad. Boliviano. Tez morena. Mal entrazado. Peón del horno de ladrillos.

PRIMER ACTO

Suena una campanilla. Correa abre la puerta y recibe a Miguel.

Correa: ¡Miguel Belvedere, carajo!

Miguel: ¡Adolfito, viejo amigo...!

Correa: ¡Venga ese abrazo, hermano querido!

Los dos se abrazan dándose furiosas palmadas.

Miguel: Cuántos años, Adolfo...

Correa: Quién diría, hermano... ¡Que lo parió...! Te miro y no puedo creer que estés acá, de carne y huesos...

Miguel: Y yo tampoco lo puedo creer, Adolfo...

Correa: Pensé que nunca más nos íbamos a ver después de todo este tiempo.

Miguel: Y menos mal que me encontré con ese primo tuyo y me dio tú teléfono que si no... Andá a saber si nos volvíamos a ver.

Correa: Por suerte... Recién me doy cuenta de los años que pasaron... Pasá, entrá que afuera hace mucho calor.

Miguel: Si no fuera por mis arrugas y tu pelada, diría que fue ayer que nos separamos... Bueno: que nos separaron...

Correa: Sobre todo lo último. Si no hubiese sido por esos hijos de puta, otro hubiese sido el cantar...

Miguel: Y sí... Aquello nos cambió la vida...

Correa: ¡Bueno, ché...! Basta de pálidas. Parecemos dos vieja lloronas: Olvidemos el pasado. Ponete cómodo y brindemos por "lo que queda del día"; como dice la película esa...

Miguel: Y creo que del día todavía nos queda bastante.

Correa: Seguro... Todavía tenemos cuerda para rato.

Correa le hace notar el maletín.

Correa: Doctor Miguel Belvedere... Por lo visto estás "obligado" a no desprenderte de él, como el policía con el arma.

Miguel: Es una costumbre que no puedo evitar, Adolfo... Nunca se sabe en que momento y lugar alguien te necesita. Una vez me pasó en un choque de colectivos. Si no hubiese sido por este maletín, un chico se desangraba en mis brazos, sin poder evitarlo.

Correa: Por algo te decían "el bombero": siempre con la manguera lista... Me cuerdo que, mientras estudiabas medicina, a más de uno de los nuestros le salvaste la vida...

Miguel: Bueno... Tampoco exageres. Hacía algunas curaciones, pero hasta ahí.

Correa: ¡Hasta ahí las bolas!: ¿Te olvidaste que a Loprete le sacaste una bala de adentro de las costillas? Y si no hubiese sido por vos, el tano no la contaba... Lo que nunca entendí es por qué un tipo como vos: leído, inteligente, de familia rica; te juntabas con gente como yo, que era apenas un delegado de ferrocarril...

Miguel: ¿Qué es lo que te extrañaba?

Correa: No podía creer que peleabas conmigo espalda con espalda contra la *milicada*... Y que una vez te la jugaste por mí. Los milicos nos seguían y vos me llevaste a la arrastra como cinco cuadras con un balazo en una pierna.

Miguel: No exageres Adolfo... Apenas fue un raspón. Además, cuando se tienen ideales en común... Para mí, no era una cuestión de plata. Era un compromiso moral. Como argentino igual que vos luchábamos para recuperar la democracia. Alguien se la tenía que jugar. Al grupo le sobraban huevos; y eso me motivaba a jugarme el pellejo por la libertad que nos habían robado.

Correa: ¿Te acordás...? Las pintadas... Las corridas. Cuando el Colorado silbaba, todos los muchachos nos abríamos en abanico y los "bichos verdes" no sabían a quién seguir primero.

Miguel: Cómo no me voy a acordar... Si habremos saltado zanjones esquivado Falcon verdes.

Los hijos de puta te caían por sorpresa, sin luces y sin patente... Decí que el Colorado tenía un oído... Reconocía el sonido del motor a cinco cuadras.

Correa se dirige a través de la ventana a alguien que no se ve.

Correa: (*Con autoridad*) !Chano...! Dejá esa carretilla! ¡Agarrás la chata y te vas a lo del Turco y me traés el pedido! ¡Cargas la leña, los seis bidones de agua, el cajón de vino... Y te venís derechito para acá ¿Entendiste?!¡Nada de cervecita en lo del Rengo! ¡¿Entendiste?! (*Nuevamente a su amigo)* ¡No sabés el gustazo que me da verte de nuevo después de tanto tiempo. Cuando me llamaste, te juro Miguel... No lo podía creer... La última vez que nos vimos fue... en el 78; la noche que zafaste del allanamiento al sótano de Dorrego y Benavidez y te cruzase al Uruguay.

Miguel: Y yo no llamé a Buenos Aires, por si interceptaran la llamada y te rastrearan también a vos.

Correa: Era lo acordado... Un día me entero de que te habías exiliado en España, y para que no te localicen, tampoco intenté comunicarme con vos... Al poco tiempo me vine a Candelaria, pasó el tiempo... El trabajo me arrastró por estos caminos de dios, y ahí te perdí la pista... Mejor dicho; yo me perdí. En tantos años, a Buenos Aires habré ido dos o tres veces.

Por un par de minutos, los dos se quedan en silencio.

Correa: ¿Y qué tal el viaje, ché?

Miguel: ¡Ah, sí! Bien... Regular, Adolfo... Justo que me decido a venir, los maleteros de las aerolíneas se declararon en huelga. No me quedó más remedio que venir en micro. Pero te juro que es la última vez. No pensé que Candelaria quedaba tan lejos de Buenos Aires. Me quedó la espalda como su hubiese cargado bolsas en el puerto. Y no te digo nada del culo.

Correa: ¿Tuviste algún problema...?

Miguel: Sí, no... Nada grave: lo de siempre... Vos me conocés muy bien. Me descompuse en Tafí del Valle.

Correa: ¡No me digas, boludo...! ¡Que cagada!

Miguel: Bueno, de eso mismo se trató.´

Correa: No me digas... ¿Todavía...?

Miguel: Todavía... El micro tuvo que hacer una parada en una YPF en medio e la nada. Te juro que me sentía tan mal que estuve a punto de decirle al conductor: "Pare que me voy a cagar a los yuyos."

Adolfo se echa a reír groseramente.

Correa: Por lo visto, en eso no cambiaste en nada.

Miguel: Y por qué iba a cambiar... Siempre fui de buen comer.

Los dos ríen.

Correa: Me acuerdo cuando íbamos a la facultad y tomábamos el Sarmiento en Castelar...

¿Te acordás cuándo una vez nos tuvimos que bajar en Floresta porque te cagabas encima...?

Miguel: Como para olvidarlo... El mozo del bar vino fumigando con un aerosol y nos sacó "cagando".

Los dos se ríen a carcajadas hasta las lágrimas. Miguel se asoma a la ventana y mira hacia la derecha.

Miguel: ¿Y ese humo allá a lo lejos? Parece una quema de pastizales.

Correa: Parece, pero no es... Son los hornos que *fuman*. Estoy con la producción a *full*. Tengo que aprovechar enero, febrero y parte de marzo antes que lleguen las lluvias. En un par de minutos te muestro el pisadero donde se amasa el barro con el tractor... Mi abuelo que fue pionero en estos parajes, pisaba el barro con una noria y dos caballos; pero eso es historia... Y también vas a ver un lechoncito de cuatro kilos a la cruz, que te vas a comer hasta las pesuñas: Anoche lo adobé con toda la *artillería* de la puna: Ají, Romero Albahaca... Lo estaqueé a fuego lento; y a lo sumo, en media hora el cochinillo se corta con el canto del plato, como en España.

Miguel: En Segovia es una tradición... Es un ritual digno de ver.

Correa: ¿Viste como la sé...? Hablando de España, Ché... ¿Cómo te trató la vida de pirata, "Sandokán"?

Miguel: Muy bien.

Correa: Tantos años con los gallegos, me imagino que tendrás para largo... Dicen que las gallegas son muy calientes y que en la cama te cantan (*canta*) *"Devórame otra vez, devórame otra vez"* y que le gusta la fiesta más que el dulce de leche.

Sí... Son muy sensuales. Mirá, Adolfo... Más allá de lo que padecí por no poder volver a la Argentina, te diría que me fue bastante bien: Terminé medicina, compré un departamentito de tres habientes en Valencia y me casé con Rocío, una española con unos ojos moros enormes... Médica también, anestesista. Tuvimos dos hijos... Pero con los años empezamos a tener algunas diferencias y nos divorciamos, como dice la Cantilo: "nada es para siempre". Ahora tengo una hija nutricionista en Madrid, y un hijo en Marruecos sacándole fotos a los camellos: No había mucho que pensar... Y acá me tenés de vuelta al pago... ¿Y vos cómo llegaste a quedar pegado a este pueblito tan lejos de los rascacielos?

Correa: Vos querés decir *"En este pueblito de mierda en el culo del mundo"*. Y sí... es verdad. No creas que no hice el intento de quedarme en Buenos Aires; pero, no daba *pie con bola,* Miguel... Además, con la llegada de la democracia. Me desengañé. Me desengañé por completo con eso de *hacer* patria ¿La patria de quién...? ¿Tuya? ¿Mía? ¿Nuestra que nos rompimos el orto? No, querido hermano. Cuando me di cuenta que la patria había quedado en manos de un grupo de delincuentes de saco y corbata, que se la disputaban como una manada de hienas... Por eso, cuando el viejo Requena, el padre de mi vieja, falleció; aproveché la volada y me hice cargo de los hornos con negros y todo. Al principio fue duro, Esto estaba bastante descuidado...Y los negros son jodidos. Pero, entré en la política como concejal, el laburo empezó a mejorar; y al tiempo me construí este rancho... ¿Viste el nombre que le puse?

Miguel: Sí...Lo leí de pasada desde el taxi que me trajo.

Correa: Le puse la "Ponderosa" por el rancho Bonanza; aquella serie del viejo ranchero con los tres hijos. Como habrás visto, no tiene nada que envidiarle a la mejor mansión de las campiñas londinenses.

Miguel: Ya lo creo... Cuando hablamos por teléfono y me dijiste que tenías un horno de ladrillos, pensé que vivías en un rancho de adobe rodeado de llamas y guanacos...

Correa: *(riendo)* Nada que ver, hermano... A mí edad, querido, no quiero vivir como *cola de ratón*; quiero vivir el resto de lo que me queda, como *cabeza de león*. Y si me quedé acá, en el culo del mundo; fue porque encontré la veta para vivir como un rey. En Buenos Aires, hubiera sido un *poligrillo cualuque*; en cambio acá soy dueño y señor. Como verás, tierra es lo que sobra y el ladrillo es un negocio rentable... Además como te dije soy concejal de Candelaria y, aparte del sueldo; de vez en cuando, viene algún reconocimiento.

Miguel: ¿Cómo es eso...? Vos decís, un plus aparte del sueldo...

Correa: Llamalo como quieras... Claro que hay que bancarse gente ignorante y mirada torva. Pero, si querés hacer diferencia te las tenés que bancar.

Miguel: ¿A los políticos?

Correa: No... Los negros te tengo laburando. La mayoría son bolivianos que vienen a trabajar la temporada. Una vez que se termina, se vuelven a Bolivia. Si bien no les pago demasiado; ellos, en su pueblo, con esa plata, viven el resto del año.

Miguel: ¿Y la gente de acá, del lugar?

Correa: Miguel, seamos sinceros... ¿A qué argentino le gusta el trabajo duro...? Para el criollo, la pala y el sudor, cuanto más lejos mejor.

Miguel: Bueno, pero de algo tienen que vivir. Acá, mucho trabajo no debe haber.

Correa: Miguel... ¿Dónde viviste todos estos años...? ¿Vos no sabés cómo funciona la política? ¿No sabés que la mayoría viven del estado? Son todos empleados del municipio y se rascan bien los huevos cortando el pasto de las plazas, pintando los cordones cuando llega algún político groso de Buenos Aires y algunos ni eso: van a fin de mes, cobran y se sientan en la puerta del rancho a tomar mate. El ladrillo es un trabajo duro y sucio; no cualquiera se embarra hasta las orejas con cuarenta y dos grados a la sombra... Y nosotros, a esa hora dormimos la siesta. En cambio estos negros no le hacen asco a nada; agachan la cabeza y meta y ponga: pico y pala de sol a sol.

Correa vuelve a hablar por la ventana, con alguien fuera de cuadro.

Correa: ¡Esteban! ¡Antes de retirarte, pasá por el galpón de las herramientas! ¡Fíjate que arriba de los fardos de estopa, mi esposa te dejó un pantalón para vos y un par de vestidos para tu mujer!

¡¿Entendiste...?! (volviendo a Miguel) Yo le digo a mi mujer que no le de ropa usada a esta gente pero ella no me da bola: insiste, insiste... Yo le digo: Vos creés que los ayudás; y ellos creen que los estás humillando. No sabés cómo me miró ése... El profesor Benavidez tenía razón: "Los negros son como los perros: No te mueven la cola porque te quieren; sino porque no te pueden."

Miguel lo mira incrédulo.

Miguel: No digas eso, Adolfo... No jodas con esas cosas... Estás hablando igual que ese nazi racista hijo de puta que entregaba a sus propios compañeros... ¿Vos sabés cuantos profesores desaparecieron por culpa de los hijos de puta como él? Parece que te olvidaste que nosotros nos jugamos la vida por un país sin explotadores enriquecidos con la sangre del pueblo?

Correa: Pero perdimos la partida, Miguel. ¿No sabés que la plata mueve el mundo?¿A quién se le ocurre desafiar al capitalismo? Una locura...

Miguel: Perdimos, es verdad, tenés razón; pero nadie puede negar que nuestra causa era justa.

Correa: ¿Y quién te lo niega?

Miguel: Por lo que estás diciendo: vos.

Correa: Yo no dije no tenés razón; pero, con el correr de los años me di cuenta que fue una lucha inútil. Y también me di cuenta que, como decía Discépolo: "La vida fue y será una porquería"! Y todo lo que hagas por el prójimo es al pedo.

Miguel: Inútil o no, yo peleé por una causa justa. Si no hubiese sido justa, no hubiésemos tenido tanto apoyo del pueblo.

Correa: (*Lanzando una carcajada*) ¡Del pueblo? ¿De que pueblo me hablás, Miguel... Si el pueblo hubiera estado de nuestro lado, la historia hubiese sido otra. Si embargo, mientras nosotros nos pelábamos el culo en medio del monte con la muerte a cada paso, el pueblo llenaba las canchas, festejando el mundial y cantaba *"La felicidad, ja, ja, ja, já"*.

Miguel: ¿Entonces vos crees que nos jugamos al pedo?

Correa: Claro que nos jugamos al pedo, Miguel. Y claro que fue una pendejada. Teníamos veinte años. Queríamos cambiar el mundo con un par de panfletos, y nos aventuramos a pelear con una espada de madera... Y si yo no hubiese rajado a tiempo; en vez de éste chalet con quincho, parque y pileta, hoy estaría dos metros bajo tierra con los ojos vendados y un balazo en la nuca... O que es peor: laburando en Buenos Aires noche y día como un chino, sin poder asomar la cabeza. Y si no, andá y fijate como muchos de los que zafaron; hoy no tienen dónde caerse muertos ¿Te olvidaste cómo murió Carranza? O acaso no murió al pedo rogando por sus dos hijas? ¿Y el pibe Barrios con el que hicimos la colimba juntos...? ¿No murió al pedo con un balazo por la espalda?

¿Y el Colorado Viruela...?

Miguel: Viruela se salvó... El viejo tenía un cura amigo.

Correa: Sí, pero la *parrilla* que se comió durante tres meses no se la olvida en su puta vida. Después de la *picana*, las piernas le quedaron como dos morcillas. Y eso por no cantar y dar nombres; mientras que, los "ideólogos de la libertad" hacían sus propios negocios a costa de nuestra sangre... ¡Despertá, Miguel! Lo único que vale la pena es hacer la tuya: *salvar la ropa* y vivir lo mejor que te da el cuero. El mundo se convirtió en un chiquero, Miguel... Y vos sabés que el chancho que cae herido se lo comen los otros chanchos... ¡Pero hablemos de otra cosa, che!

¡Qué mierda estamos discutiendo! Lo pasado pisado.

Miguel: En eso tenés razón... Nos fuimos al carajo.

Correa se incorpora y Miguel lo imita. Saliendo por la puerta.

Correa: Venga, amigo. Vamos a ver si le hincamos los colmillos al lechón. Ya me está agarrando hambre ¿Y a vos...?

SEGUNDO ACTO

Mismo escenario.

Correa y Miguel entran al living. Correa se dirige al bar, toma un vaso, le pone hielo y se sirve de una botella.

Correa: ¿Un whisky, Miguel...?

Miguel: *(Con gesto adusto)* No... Gracias...

Se sientan en dos sillones enfrentados.

Correa: Y... ¿Qué tal el chanchito, Miguel?

Miguel no responde. Se lo nota incómodo.

Miguel: ¡Ah...! Casi me olvido... *(Miguel se incorpora, abre la mochila, saca un libro y se lo tiende).* Es probable que ni te acuerdes de él.

Hace muchos años me lo prestaste; y después de tanto tiempo te lo devuelvo. ... No me gusta quedarme con cosas ajenas.

Adolfo no acusa recibo. Toma el libro y lo hojea sorprendido.

Correa: ¡No me jodas...! Así que, lo tenías vos...

Miguel: Se mezcló entre mis libros y viajó a España.

Correa: No sabés cuanto lo busqué.

Miguel: El día que crucé al Uruguay, en la valija puse algunos libros y... Imagínate que no era el momento de andar eligiendo demasiado. Además, con el nerviosismo... No sabía si los milicos me estarían esperando en el aeropuerto.

Correa: Te agradezco, Miguel. Siempre me quedaron ganas de releerlo. Y no sé por qué no lo volví a comprar.

Miguel: Me imaginé que lo estarías buscando...

Correa: Y sí... Es de la primera edición, le tenía cariño. Esta fue su mejor obra. Dentro de la literatura argentina, igual que el Martín Fierro viene a ser como una biblia.

Correa: *(Lee)* "Sobres héroes y tumbas"... Ernesto Sábato... Otro idealista como vos... No niego que fue uno de mi escritor favorito. Un filósofo. Un gran tipo... Pero, para mí, era demasiado ingenuo: Como nosotros, peleaba contra los molinos de viento.

Miguel: (un tanto irritado) Como nosotros, no. Nosotros no éramos ingenuos. Sabíamos lo que queríamos. No sé vos; pero, al el menos yo estaba bien seguro de lo que quería...

Correa lo mira interrogante.

Correa: Ché, loco... ¿Qué pasa...? Te noto raro... Como enojado. Algo te jodió ¿No será por la charla estúpida que tuvimos hace un rato?

Miguel camina hasta la ventana y se vuelve, dubitativo.

Miguel: Adolfo...

Correa: Decime, hermano...

Miguel: Te tengo que dejar.

Correa: *(Sorprendido)* ¿Qué...? ¿Cómo decís?!

Miguel: Sí... Me tengo que ir, Adolfo... Tengo que volver urgente a Buenos Aires.

Correa: ¡¿De qué estás hablando, Miguel...?! Vos me estás jodiendo... Acabás de llegar de un viaje larguísimo para quedarte una semana y ahora me venís a decir que te volvés. ¡¿Qué pasó Miguel...?! A mí no me podés mentir. Yo te conozco muy bien a vos; y sé cuándo algo no te va.

Recién te pregunté por el lechón y no me contestaste. Y eso me dice a las claras que estás enojado.

Miguel: No, Adolfo... Está todo bien... Es que no sé cómo decirte... Hace un rato, cuando pasé al baño, me llamaron de la clínica... Osvaldo

Cedrón, uno de mis pacientes, entró a terapia intensiva con un cuadro crítico. Necesita un *bypass* a más tardar, mañana por la mañana. Tengo que tomar un avión urgente.

Correa: Dale, Miguel... Dejate de joder... ¿Cuánto hace que nos conocemos? Vos me estás mintiendo y se te nota a la legua. Esa no es una excusa. Estoy seguro que algo te dio por las bolas. ¿Me vas a decir que en Buenos Aires no hay quién te reemplace?

Miguel: No Adolfo. Eso es lo de menos... La cosa no pasa por ahí... Trato a ese paciente desde los primeros estén que le coloqué hace un par de años, y ahora no le puedo fallar. El tipo es un jodido. Vos no tenés idea... Hasta me puede iniciar una demanda por abandono de persona.

Correa: *(Con desdén)* ¡Pero déjate de joder, Miguel...! No me hagas reír... De qué demanda me hablás ¿Vos me tomás por boludo...? *(Silencio)* Vos sí que trabajás para el bronce... Yo pensé que con los años te habías amoldado a los tiempos; pero veo que seguís siendo el mismo bombero de los setenta. El día que te mueras, te van a hacer un monumento; pero acordate lo que te digo: A la semana se van a roban la plaqueta de bronce y las palomas te van a cagar en la cabeza... Y a los quince días, nadie va a saber quién sos *(Largo silencio)*. Está bien... Está bien... Si lo tenés decidido allá vos... Esperame un momento. Atiendo a ese grone que vi pasar por la ventana, y te alcanzo al Aeropuerto.

Miguel asiente con la cabeza y se vuelve a sentar. Adolfo abre la puerta. Frente a él, un muchachón de piel morena, con ropa de trabajo y manos a la espalda lo aguardaba cabeza gacha.

Correa: ¿Y cómo es la historia, Cardona? ¿Por qué me faltaste ayer? *(Silencio).* Vos me estás tomando por boludo ¿No...? ¡¡¿Te creés que no sé que vivís chupa´u?!! *(silencio).* Está bien Cardona, está bien... No me digas nada. Si es para mentir, mejor no abras la boca. Pero yo sí te voy a decir algo pa´que no te queden dudas: ¡Me importa tres carajos tu vida! ¡Punto! ¡Yo te pago para que vos me resuelvas mis problemas, y no para que yo te resuelva los tuyos! ¡¿Entendiste?! ¡Ya me enteré que tu mujer, tuvo otro wuawua! ¡Pero yo no tengo la culpa de lo que haces en el catre! ¡¿Quién mierda te manda a mamarte y preñarla a cada rato?! ¡¿O te tengo que capar como a los gatos?! ¡Yo sé que mi abuelo era una manteca y te bancaba; pero yo no soy mi abuelo! ¡Vení, pasa adentro! *(El muchacho, desconcertado, tímidamente entra y se queda inmóvil. Adolfo toma la novela de Sábato y la sostiene sobre la palma de la mano)* ¡Vení! ¡Poné la derecha sobre la Biblia que me trajo el Doctor! *(El muchacho pone la mano izquierda sobre la novela)* ¡Con la derecha se jura, ignorante! *(el muchacho cambia de mano)* ¡Y ahora jurame que esta es la última vez que me faltás...! ¡Decí lo juro! *(El muchacho murmura entre dientes)* ¡Más fuerte que no se te escucha, carajo!

Miguel observaba la escena, estupefacto. Se incorpora de un salto y corre hacia la salida; pero no alcanzó a abrir la puerta: se apoya en el marco y empieza a convulsionar con grandes arcadas. Adolfo, deja el libro de Sábato sobre la mesita y va a socorrerlo.

Correa: ¡¿Miguel...?! ¡Miguelito! ¡¿Qué te pasa hermano...?! ¡¿Qué son esas arcadas?! ¡No me digas qué te descompusiste...! ¡No te digo, yo...! ¡Pero la puta madre...! ¡Qué joda, Miguel! ¡Justo ahora que tenés que viajar...! ¡Siempre tan delicado de las tripas vos...! ¡Si sabía te hacía una pechuguita a la plancha! ¡Vení, vení, apoyate en mi hombro...! ¡Vamos al baño...! Seguro que el chancho te cayó para la mierda.

Francisco Settembrino

Escritor aficionado, de origen italiano. Radicado desde los siete años en Argentina, se ha nutrido de la rica cultura y literatura latinoamericana. Profesor de un taller literario para ancianos, acredita varios premios y menciones en cuentos breves, tanto en Argentina como en España. Con respecto a la obra *El pisadero*, se diría que es el resultado de haber vivido la época de la dictadura militar argentina; destacándose que, parte de la historia, está basada en hechos reales.

ÍNDICE

Presentación.. pág. 5

Prólogo. Julio Fernández Peláez.......................... pág. 9

MARISA. **Juan Manuel Brun** ....pág. 15

EL PISADERO. **Francisco Settembrino**........... pág. 33